INVENTAIRE
G 2227 L

AF249573

G

LA CRISE

DE

L'EUROPE

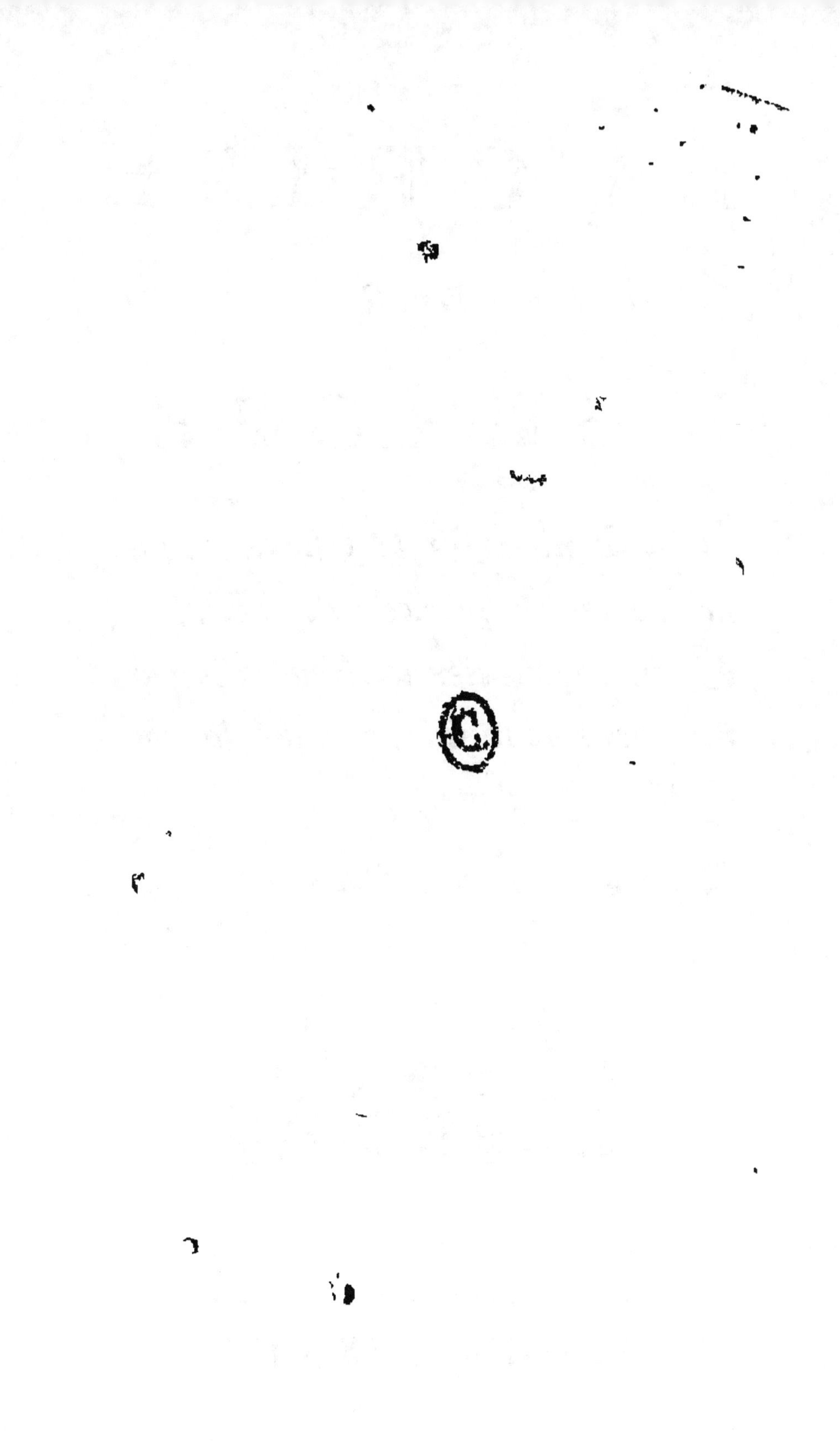

LA CRISE

DE

L'EUROPE,

Ou Pensées sur le systême que les différentes Puissances de l'Europe, & en particulier la Neutralité armée devroient suivre dans la conjoncture présente.

TRADUIT DE L'ANGLOIS.

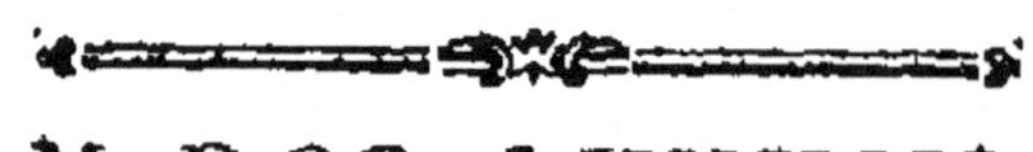

M. DCC. LXXXIII.

LA CRISE

DE

L'EUROPE.

Depuis quelques années, l'aspect de l'Europe a donné clairement à connoître à ceux-qui savoient voir, que cette époque devoit, selon toutes les apparences, être celle de quelque grande révolution. De nouveaux principes avoient commencé à prendre racine, & on avoit vû des Empires jouissant n'a guères, dans la balance politique, d'assez peu de considération, se présenter avec une force & des ressources auxquelles on n'avoit pas lieu de s'attendre. L'ancienne disposition d'esprit, qui portoit à des conquêtes en Europe, étoit réprimée, soit par l'incertitude du succès, soit par l'expérience de son inutilité. Les États civilisés commençoient à se convaincre que le pouvoir dépend de l'industrie & de la richesse des sujets ; qu'à l'aide d'un système de gouvernement sage & judicieux, une province de peu d'étendue pourroit avoir plus d'influence fur fes voifins, que n'en auroit fans cela la monarchie la plus vafte. A cette époque, on vit la puiffance militaire de la Pruffe, & fes forces maritimes de la Ruffie s'accroître journellement en réputation & en fplendeur, de forte que les politiques & les hommes d'état s'épuifoient en conjectures fur les conféquences qui devoient probablement réfulter de tous ces changemens.

Durant cet état d'incertitude politique, on vit dans les régions éloignées du Nord de l'Amérique, s'élever un nuage, qui, fans préfager d'abord rien de finiftre produisit bientôt une tempête dont les secousses ont ébranlé les quatre parties du globe. Le prétexte qui donna naissance à cette commotion fut l'infraction faite aux droits de certaines colonies de l'Amérique angloise ; mais l'injuste jalousie de quelques nations, occasionnée par le degré de pouvoir & d'opulence auquel la Grande-Brétagne étoit parvenue, fut la cause unique du progrès & de la durée du trouble. C'est par là que la prétention de lever un impôt de nulle importance sur une feuille des Indes Orientales, dans certaines parties de l'Amérique angloise fut capable d'armer la France , l'Espagne, la Hollande, & de fixer depuis l'attention de toutes les Puiſſances de l'Europe qui ſemblent ſe croire eſſentiellement intéreſſées à l'iſſue de cette querelle.

Qui pourroit s'étonner que dans une guerre d'une auſſi grande importance & dont les ravages ſe font étendus ſi loin, que dans une guerre devenue particulièrement guerre de mers, on ait quelquefois donné atteinte à la propriété des Puiſſances neutres, & que celles-ci aient eu peine à préſerver leur commerce de violence & d'inſulte ?

On devoit donc naturellement s'attendre que certaines Puiſſances maritimes ſe verroient dans la néceſſité d'examiner le code des nations, rélativement aux Puiſſances en guerre, & qu'après une ſérieuſe délibération, ces Puiſſances annonceroient à la face de l'Univers, les principes d'après leſquels elles ſe détermineroient à prendre la défenſe du commerce & de la propriété de leurs ſujets.

Il n'eſt donc nullement néceſſaire de tracer l'hiſtoire de l'origine & des progrès d'une confédération, la ſeule peut-être dans les annales du genre humain, fondée ſur des

principes juftes, équitables & généreux. On feroit difpofé à croire
qu'une ligue auffi diftinguée par la
fageffe & la générofité de fes rè-
glemens, eft moins l'ouvrage d'un
corps d'hommes d'état, gens trop
enclins à la partialité fur les petits
intérêts de leurs nations refpectives,
que celui d'une affociation choifie
d'amis de l'humanité.

Mais actuellement qu'on eft
parvenu au but principal que cette
ligue fe propofoit, il eft une recher-
che de la plus grande importance
pour les membres de cette confédération; c'eft de favoir jufqu'où
l'extenfion des principes fur lef-

quels la ligue repose seroit indispensable en ce moment, & si son activité permanente ne seroit pas suivie des plus heureuses conséquences pour ses membres, pour l'Europe, & même pour le genre humain.

Les avantages que quelques Puissances de l'Europe ont recueillis de leurs grandes & précieuses possessions dans le continent au Midi ou au Nord de l'Amérique, sont trop bien connus pour exiger des éclaircissemens.

Les revenus de quelques unes de ces provinces, les productions qu'on tiroit de chacune d'elles, tranſportées dans leurs reſpectives mères patries, augmentoient tellement les richeſſes, l'induſtrie, & le commerce de celles-ci, qu'elles en acqueroient une ſupériorité marquée ſur les autres États de l'Europe. Et quelque gloire que chacune de cés Puiſſances favoriſées pût tirer de ces colonies reſpectives, elles ſe maintenoient entre elles dans un état d'égalité qui aſſuroit l'indépendance de leurs voiſins en Europe. Mais actuellement que les Colonies de l'une de ces Puiſſances ont réuſſi à ſecouer le joug de leur mère-patrie, tandis que le reſte des Colonies (le Breſil

excepté) affujetties à des Puiffances européennes, fe trouvent être
fous la domination d'une feule famille, unie par les nœuds les plus
étroits, ou, pour parler plus clairement, d'une famille dont une
branche eft dans la dépendance &
dans la fubordination de l'autre, il
paroît que les amis de la liberté &
de l'indépendance du genre humain ne font que trop dans le cas
de s'écrier : n'avons-nous pas raifon
de prendre l'allarme ? Oui, le génie ambitieux de la monarchie
françoife fe trouvant favorifé par
des circonftances d'une telle importance, offre des fondemens fo-

lides aux craintes & à la jalou-
fie de l'Europe. Ce n'eſt pas la
première fois que les ſouverains
de ce royaume ont tenté d'étendre
leur puiſſance ſur leurs voiſins, &
s'ils réuſſiſſent à parvenir au but
qu'ils ſe propoſent maintenant, les
alliés de la France ne tarderont pas
à être ce que furent autrefois les
alliés de l'ancienne Rome ; c'eſt-
à-dire, ſubordonnés ſous un air
d'indépendance.

Quoi donc ! l'Europe auroit-
elle déjà mis en oubli le danger
qu'elle courut ſur la fin du dernier ſiècle, de ſe voir ſoumiſe à
l'impérieuſe domination de Louis

XIV , danger dont une confédération formidable & victorieuse eut peine à la préserver?

Peut-elle oublier le bombardement de Gênes, où l'on vit le premier magiftrat d'un État libre, contraint d'abandonner fa patrie pour aller ramper avec foumiffion aux pieds de ce monarque altier?

Peut-elle oublier l'invafion de la Hollande , quand, fur les prétextes les plus légers & les plus frivoles, elle affaillit inopinément un voifin qui n'étoit pas fur fes gardes, & obligea ce peuple brave & réfolu à chaffer fon ennemi en inondant le pays qu'il avoit envahi?

Et qui effacera jamais de la mémoire du genre humain, le souvenir de ce que fit cette maison de Bourbon, lorsqu'après les engagemens les plus solemnels, de renoncer à toute prétention sur les possessions ou les domaines de l'Espagne; engagemens contractés, non en secret, mais à la face de l'Europe entière, on vit le monarque François enfreindre des obligations aussi solemnelles; on vit ses sujets préoccupés des mêmes idées d'ambition, jusqu'à soutenir leur Prince dans une aussi honteuse violation?

Voilà ce que les Puissances de l'Europe, aujourd'hui libres & indépendantes , ont à redouter , fi l'on fouffre que le fuccès couronne les vues & les projets pernicieux de la Cour de France ; & voilà comment cette Cour faura, fi l'Europe ajoute foi aujourd'hui à fes dangereufes paroles , fe dégager des promeffes qu'elle fera dans le cas de faire.

Mais on me demandera, quelles précautions l'Europe, en général, devroit donc prendre dans une crife de telle importance ? Les colonies de la Grande Brétagne , femblent être pour toujours féparées de leur mère patrie. Il eft même douteux fi les forces de l'Europe réunies feroient capables de les ramener à l'obéiffance due à leur dernier fouverain. Eft-ce qu'il nous conviendroit d'épuifer le fang & les tréfors de nos fujets dans une querelle qui ne nous concerne pas immédiatement?

Occupé depuis longtems à réfléchir fur l'état général de l'Europe, & en particulier fur les dangereufes conféquences qui réfulteroient d'une paix conclue dans les termes auxquels, en ce moment, l'Angleterre pourroit bien confentir à fe foumettre, j'ai cru qu'il pourroit être intéreffant de rechercher dans une fpéculation politique, quel

devroit être l'objet que les différens États de l'Europe devroient
avoir en vue, & quel plan on
pourroit former pour contenir l'ambition des Bourbons, pour con-
ferver en Amérique, auffi bien
qu'en Europe, la balance du pouvoir, & pour offrir à la Neutralité
armée, l'occafion de maintenir le
fyftême jufte, fage & généreux à
la confervation duquel elle fe trouve
perfonnellement intéreffée. Le plan
n'étoit pas difficile à découvrir:
c'étoit, en deux mots, *d'émanciper*
les différentes colonies Européennes
en Amérique, des gênes de commer-
ce, impofées par les différentes Puif-

fances, auxquelles elles font en ce moment affujetties.

Il n'est pas nécessaire de faire voir les avantages que recueilliroient tous les États de l'Europe, &, par la suite, ceux même dont les colonies feroient émancipées, s'il étoit possible que cette importante révolution pût s'opérer, relativement aux provinces les plus précieuses & les plus riches du monde. Mon cœur tressaille, en pensant qu'un jour on pourroit voir les Puissances de la Russie, du Dannemarc, de la Suède, de l'Autriche, de la Hollande, de la Prusse, de la Grande Brétagne, aborder

fans géne fur les côtes du Chili &
du Pérou, fans que d'orgueilleux
monopoleurs puffent les empêcher
d'échanger les productions de l'Europe contre les tréfors de l'Amérique! Mon cœur treffaille, en pen-
fant que chaque État feroit fûr de
fe procurer toutes les néceffités &
les douceurs de la vie, à propor-
tion de la fertilité de fon fol & de
l'induftrie de fes habitans! quelles
découvertes n'auroit-on pas lieu
d'attendre, quels talens ne verroit-
on pas éclore, à quel degré de per-
fection chaque art, chaque fcience
ne feroient-ils pas portés, fi un
champ auffi vafte venoit à s'ouvrir

à l'activité du genre humain !

L'ame de l'ami des hommes se sent inondée par la grandeur & l'importance des idées qui s'offrent à sa vue, lorsqu'il se peint pour un moment le genre humain uni par un intérêt mutuel & forcé par les nœuds que serre la communication du commerce, à avancer le bonheur général de l'espèce humaine.

Il est à peine nécessaire de s'arrêter à prouver qu'un tel plan peut être mis en exécution, avec peu de difficulté & peu de frais.

La Grande Brétagne seroit cer

tainement aveugle fur fes intérêts, elle auroit perdu toute fenfibilité & tout preffentiment, fi elle ne portoit pas à l'exécution de ce plan, toute la vigueur dont elle eft capable. On fait affez qu'en ce moment, elle eft en état de tenir tête aux puiffans ennemis avec lefquels elle eft en guerre. La force de fa marine qui s'accroît journellement par fon activité domeftique & fes prifes fur l'ennemi, eft telle, que, jointe au courage de fes matelots, & à l'habileté de fes officiers de mer, il n'eft rien qu'elle ne pût entreprendre avec l'affiftance des forces de la Neutralité armée.

Qui

Qui pourroit douter que la Hollande refusât d'entrer dans une confédération dont les principes favoriseroient si particuliérèment l'étendue de son commerce & de son pouvoir ?

Bien plus ; les nouveaux États du nord de l'Amérique ne manqueroient pas de se réjouir d'un évènement qui les mettroit à même de réparer avec rapidité l'épuisement de trésors & de sang qu'ils ont si généreusement prodigués dans leurs nobles efforts pour acquérir l'indépendance.

En supposant donc, d'un côté l'union étroite d'une pareille con-

fédération dont le but feroit l'é-
mancipation générale des Colonies;
de l'autre, la France & l'Efpagne,
dans la balance contre cette confédération ; qui pourroit douter
qu'une feule campagne ne fût fuf-
fifante pour obtenir la fin que fe
propoferoit cette ligue ? Déjà la
flotte angloife fe trouve égale
par le nombre & la force de fes
vaiffeaux, aux flottes de la maifon
de Bourbon. Si, donc, la Neutralité armée, en y comprenant la
Hollande, venoit à joindre aux
forces de l'Angleterre, cinquante
vaiffeaux de ligne ; ce qu'elle feroit aifément à même de faire, il

n'eſt aucune colonie françoiſe ou eſpagnole, qui, dans l'eſpace de ſix mois, ne ſe vît réduite à l'obéiſſance.

Les isles des Indes Occidentales, en particulier, ne ſauroient faire que peu de réſiſtance, & quant à l'Amérique eſpagnole, il réſulteroit du projet ſugéré de l'émancipation des Colonies, un ſi grand avantage pour ces provinces, qu'on pourroit raiſonnablement compter ſur leur concours, loin d'avoir à craindre leur oppoſition ou leur réſiſtance.

Mais on feroit dans le cas de demander quel eſt donc le vrai &

unique but qu'on doit fe propo-
fer, & quels font les moyens propres à l'exécution de ce but?

Le grand objet auquel on doit
tendre, eft inconteftablement d'a-
bolir toutes ces reftrictions de commerce auxquelles les colonies Européennes fur le continent de l'A-
mérique, fe trouvent en ce moment affujetties; d'accorder une
entière liberté à ces colonies, d'é-
tablir entre elles, l'efpèce de gouvernement qui s'allieroit le mieux
avec le caractère & le génie de
leurs habitans; & de faire une
telle répartition des isles de l'A-
mérique entre les Puiffances exé-

cutrices de ce fyftême, qu'elle pût les défrayer de leurs dépenfes refpectives, en cas que l'exécution de ce fyflême les entraînât dans des frais extraordinaires.

On peut indiquer fans peine les moyens de parvenir à ce but.

La Grande Brétagne fe verroit dans l'obligation de reconnoître l'indépendance du Nord de l'Amérique, pour preuve de la fincérité de fes intentions à appuyer les principes de la ligue.

On devroit aider la Hollande à fe dégager de l'union, peu politique, où elle fe trouve en ce moment avec la France, en lui procurant

une armée capable de la protéger
contre les invaſions de cette Monarchie, & au beſoin même d'attaquer les Provinces de la France.

Qui ne voit qu'avec un peu de
perſuaſion, on engageroit l'Empereur, cet ami de l'humanité, à
coopérer à l'exécution d'un plan
conforme à ſes nobles & généreuſes
diſpoſitions ?

Il conviendroit, auſſitôt que la
ſaiſon le permettroit, de renforcer
les armemens de l'Angleterre de 40
à 50 vaiſſeaux de ligne, & de vingt
mille hommes de troupes au moins,
ce qui, joint à l'armée que les Anglois ont en ce moment en Améri-

que, feroit tranfporté pour attaquer les différentes isles de la France & de l'Efpagne, & les parties ad-
jacentes du Continent de l'Amérique méridionale.

Les confédérés devroient s'engager folemnellement à n'envahir pour
leur compte, aucune des poffeffions, aucune des Provinces du
Midi de l'Amérique, fe contentant
de forcer l'Efpagne & fes alliés à re-
tirer leurs flottes & leurs armées de
ce Continent, à démolir les fortifi-
cations qu'ils y ont élevées, & à laif-
fer aux natifs l'entière liberté d'établir telle efpèce de gouvernement
qu'ils jugeroient convenable d'a-
dopter.   B 4

Enfin, comme les frais qu'entraîneroit l'exécution de ce plan, semblent autoriser quelque compensation, on proposeroit encore de partager les isles de l'Archipel & de l'Amérique entre les différentes Puissances promotrices de l'exécution de ce plan. L'isle de Cuba seroit allouée à la Russie ; la Martinique au Dannemarc ; la Guadeloupe à la Suède ; Porto - Rico à la Prusse ; Hispaniola appartenant aux Espagnols, aux Hollandois ; Hispaniola appartenant à la France , à l'Empereur , & le reste des isles à la Grande Brétagne.

Et en suppofant que ce plan pût

s'exécuter à peu de frais, il seroit sans doute plus conforme aux principes généraux de la ligue, d'accorder même à ces isles l'indépendance. Elles pourroient former entr'elles une République sous un gouvernement dont la résidence ne se placeroit chez aucune d'elles, tandis que les pouvoirs confédérés de l'Europe s'établiroient garants de l'indépendance de leur commerce & de leur politique.

Voici donc l'esquisse d'un plan qui, quelque imaginaire qu'il puisse paroître au premier coup d'œil, présenteroit peu de difficulté dans son exécution.

Ce plan offre un fyftême très avantageux aux Puiffances intéreffées dans la Neutralité armée, & même au genre humain en général. Il devient auffi effentiellement néceffaire à la préfervation de la liberté fur l'indépendance des différentes Puiffances de l'Europe.

Les Puiffances du Nord qui font les principaux foutiens de la formidable confédération dont nous parlons, ne peuvent manquer d'appercevoir de quel avantage feroit pour elles & pour leur fujets, la poffeffion d'isles fituées dans un climat fi différent du leur, & enrichies des plus précieufes productions, fans parler du profit qu'elles retireroient d'un commerce libre & illimité avec les grands continens du Midi & du Nord de l'Amérique.

La France même & l'Efpagne n'auroient aucune raifon de fe plaindre d'une pareille confédération. Quelle objection raifonnable pourroient faire à la confirmation de l'indépendance de l'Amérique méridionale, ces Puiffances qui ont fi libéralement affifté de leurs forces les Colonies Angloifes pour les mettre en état de s'ériger en États fouverains ? Ces mêmes droits naturels, cette même liberté dont el-

les ont pris la défenfe dans une partie de l'Amérique, refuferoient - elles de les accorder dans une autre
partie du même Continent, à des
peuples & des habitans qui peuvent
les reclamer au moins avec autant
de juftice ? Et fi les motifs qui ont
déterminé la maifon de Bourbon à
tirer avantage des difficultés dans
lefquelles un voifin fe trouvoit en-
gagé ; un voifin avec lequel elle
étoit en paix, auquel elle donnoit
des affurances de la plus grande
amitié ; des poffeffions duquel elle
étoit même garante en Amérique ;
un voifin qu'elle avoit pris enga-
gement, non d'attaquer, mais d'af-
fifter ; fi ces motifs, loin de pren-

dre leur source dans une généreuse disposition de protéger des opprimés, n'étoient que l'effet d'une jalousie mal fondée, ou d'un desir de tirer vengeance d'anciennes injures, comment cette maison pourroit-elle refuser aux autres nations de l'Europe, le droit d'adopter les mêmes principes de conduite à son égard; puisqu'elle excite avec bien plus de raison la jalousie des autres États, puisqu'il n'en est aucun, qui n'ait à venger contr'elle des injures anciennes ou récentes mille fois plus atroces, & qu'enfin les Colonies Françoises ne sont pas sous un joug moins pesant & ne soupirent pas moins après leur délivrance?

On ne peut se dissimuler que les partisans de la maison de Bourbon sauront mettre en œuvre mille artifices pour empêcher les différentes Puissances de l'Europe de prêter l'oreille aux idées que nous proposons. Dès longtems la France a tiré vanité de la dextérité avec laquelle elle fait s'insinuer dans les conseils de ses voisins, & plier leur conduite à ses vues ; mais dans ce moment surtout où le plan proposé tendroit à mettre fin à ses projets ambitieux de domination sur l'Europe & sur l'Amérique, elle saura employer les mêmes ruses pour ridiculiser ce projet, comme étant celui d'un visionnaire ; pour le dé-

clarer impraticable dans fon exécution, & pour élever contre fon
accompliffement mille autres ob-
jections qne fon ambition allarmée
faura lui fuggérer. Mais on fe flatte
que les autres États refuferont de
prêter l'oreille à fes difcours infi-
dieux!   —

Quant à l'Efpagne, on a bien
plus lieu encore de s'étonner, que
l'indignation & le reffentiment de
l'Europe n'ajent pas éclaté depuis
longtems contre ces orgueilleux
monopoleurs; & le genre humain
renonça à toute fenfibilité, quand
il fouffrit que les provinces du monde les plus fertiles & les plus ri-

ches, fussent si longtems assujetties à cette dure & détestable domination. Quelle est la nation qui ne doive s'indigner, en pensant aux arrogantes prétentions d'une seule monarchie, qui croit pouvoir s'emparer d'une si grande étendue de pays, & empêcher qu'aucun autre État de l'Europe n'approche de ses bords. Ah! sans ses oppressions & son mauvais gouvernement, que de millions de nouveaux habitans ne verroit-on pas prospérer aujourd'hui dans ces régions lointaines, & que de jouissances l'Europe ne puiseroit-elle pas dans sa communication avec ces peuples? Le

tems n'eſt donc que trop venu d'a-
bolir à toujours ce ſyſtême tyranni-
que d'oppreſſion, en permettant aux
malheureuſes colonies de goûter enfin quelque peu de liberté & de
bonheur.

Pourrions-nous négliger, en ter-
minant ce court eſſai, de réveiller
l'attention de l'Europe ſur l'indigne
traitement que la Grande-Brétagne
a éprouvé de la part des ennemis
réunis en ce moment contr'elle?
Non contens de ſouffler ſecrète-
ment le feu de la révolte dans le
nord de l'Amérique, non contens
d'inſiſter ſur l'entière & illimitée
indépendance de ſes colonies, ne

les a-t-on pas vu prendre lâchement avantage de ses troubles domestiques, pour lui dérober d'autres possessions, dont peu auparavant ces mêmes ennemis avoient reconnu la légitime propriété ? S'ils ne se fussent proposé que l'indépendance de l'Amérique, on eût pu colorer leurs procédés d'une apparence de générosité. Mais quelle espèce de rapport pourroit avoir avec l'indépendance de ce continent, la possession de Minorque, de Gibraltar, de la Grenade, de Tabago, de St. Vincent ? La réponse est aisée. Aucun, sinon celui qu'une apparence de générosité peut avoir avec l'injustice & une trahison réelle.

Je n'ignore pas que depuis la conclufion de la paix de Paris, on a accufé la Grande-Brétagne d'avoir manifefté une conduite orgueilleufe vis-à-vis de fes voifins. Si ce reproche fut fondé, elle n'a que trop reçu, depuis, de leçons d'humilité. Mais auffi comment l'Europe mettroit-elle en oubli les différens fervices que prefque chacune de ces Puiffances a reçus de la part des habitans de cette isle ? La Ruffie ne fe fouvient-elle plus des fecours qu'elle en a reçus récemment, lorfque la France, par une fuite de fon affection pour les Turcs & les infidèles, fe difpofoit

à détruire fa marine ? Le brave Fré-
deric auroit-il enfeveli dans l'oubli
le zèle & l'empreffement avec lefquels , non feulement le fouverain
de cette isle , non feulement fon
pailement , mais fon peuple même
tiroit gloire de fe nommer les amis
de fa caufe , les foutiens de fon pouvoir & de fa gloire ?

L'Empereur d'Allemagne n'a - t-
il point appris de la bouche de ceux
qui lui ont révélé les triftes fcènes
de fa plus tendre-enfance, que lors
qu'une puiffante confédération me-
naçoit de deftruction , & lui , & fa
mère, & fes États ; & qu'un nou-
veau candidat fe préfentoit pour oc-

cuper le siège impérial, & que la France, pour soutenir ce choix, inondoit le pays de ses formidables armées, la Grande - Brétagne se présenta pour le défendre & pour le protéger? Tous les efforts de ses sujets eussent été insuffisans ; envain enfant alors, & le sourire sur les lèvres, se fût-il présenté dans l'assemblée de ses sujets Hongrois, si l'Angleterre n'eût prodigué pour sa défense, & ses trésors & son sang.

Il est sans doute inutile de rappeler ici les différens secours que les voisins de la Grande - Brétagne ont reçus d'elle en différens tems. „ On

a vu, pour me servir des expreſ-
ſions du poëte Thomſon, ſon
ame généreuſe s'enflammer pour
tous les États ‘opprimés, auxquels elle prodigua toujours ſon
ſang & ſes tréſors, & ſon génie
perçant planer ſur tous les empires, pour faire éclore par tout les
fruits brillans de la paix, but unique de ſes nobles travaux.

Et comment ſupporteroit-on l'i-
dée qu'il pût y avoir en Europe,
des hommes aſſez inſenſibles aux
calamités de leurs ſemblables, aſſez
aveuglés ſur leurs propres intérêts,
pour ſouffrir qu'une telle Puiſſance
ſe vît écraſée par une famille ambi-

tieufe, & que des États aujourd'hui fuffifamment puiffans, s'agrandiffent de fes dépouilles !

O vous, amis de la liberté de l'Europe, fortez de la fatale léthargie où vous êtes plongés ! Réveillez - vous pour prendre foin de vos plus chers intérêts. Unis enfemble, rendez vos fujets heureux, & maintenez l'indépendance du genre humain.

A P P E N D I C E.

Ayant adreſſé le traité ci - deſſus en manuſcrit à un ami, il me l'a renvoyé avec la lettre ſuivante, & comme cette lettre renferme quelques obſervations ultérieures ſur le même ſujet, j'ai pris la liberté de la communiquer au public, à cauſe du rapport qu'elle a avec une queſtion qui ne ſauroit être examinée avec trop d'attention & de détails.

Mon-

MONSIEUR,

J'AI lu votre *Crise de l'Europe* avec le même plaisir que je trouve à lire toutes vos productions. Le sujet de ce traité est des plus importans, & permettez-moi d'ajouter, sans encourir le reproche de flatterie, que ce traité est écrit de main de maître.

J'avoue que le plan que vous suggérez, me semble importer essentiellement à la sûreté & à la liberté de l'Europe, & quand l'amitié que je porte à son auteur, seroit mise de côté, je ne laisserois pas de contribuer de tout mon pou-

C

voir à en procurer le fuccès.

Il eft bien étonnant, fans doute, que l'Europe n'ait point encore ouvert les yeux fur les conféquences qui pourroient réfulter de l'indépendance du nord de l'Amérique. Combien de fois n'a-t-on pas vu dans l'hiftoire les plus célèbres révolutions, occafionnées par des circonftances d'une bien moindre importance ? Il eft donc du devoir des citoyens du monde & des amis de l'humanité, de confacrer leur tems & leur loifir à expofer les conféquences qu'un pareil évènement doit naturellement entraîner, & à rechercher particulièrement ce qui en doit réfulter dans les autres parties de l'hémifphère Américain ; car fi l'indépendance du nord de l'Amérique fe trouye invariablement fixée, on verra l'Amérique méridionale & les isles des Indes Occidentales continuer à être maîtrifées par la maifon de Bourbon, ou fubjuguées par les États du nord de l'Amérique. Dans l'un ou l'autre de ces cas, l'Europe en général n'auroit pas fujet de s'en réjouir ; ou enfin on verra des gouvernemens nouveaux & diftincts s'élever dans le midi de l'Amérique, & , peut-être, aux Indes Occidentales.

Le premier de ces évènemens,

(ainſi que vous l'avez bien ſolide-
mement établi) ſeroit inconteſta-
blement une circonſtance bien dan-
gereuſe; car ſi la France & l'Eſpa-
gne ſe trouvoient jouïr, en quelque ſorte, de tous les avantages du
commerce & des richeſſes de l'A-
mérique, ſans aucun contrepoids
de même nature, elles s'élèveroient
en peu de tems à un tel degré de
puiſſance & de ſplendeur, qu'il ne
ſeroit au pouvoir d'aucune confédération européenne d'y réſiſter.

La France, conſidérée en elle-
même, jouit de tant d'avantages
naturels, qu'à l'aide d'un ſage gouvernement, elle doit devenir la plus

puiss.nte monarchie de l'Europe.
Son sol est riche & fertile, son climat doux & salubre, ses habitans
industrieux, braves & entreprenans.
En permettant donc que cette monarchie ajoute aux avantages naturels dont elle jouit, d'autres avantages particuliers & importans, ce
feroit nous engager dans des périls
dont nous ne pourrions sortir qu'en
prodiguant notre sang & nos trésors.

Je ne vois pas non plus que le
général de l'Europe eût à se félici-
ter de l'indépendance du continent
du nord de l'Amérique, à moins
que les Indes Occidentales & le midi

de l'Amérique, n'obtinssent la même indépendance, & cela sous un gouvernement séparé. Je pense donc que les différens États de l'Europe sont dans la nécessité d'interposer leurs bons offices pendant qu'il en est tems, pour établir des gouvernemens indépendans, mais distincts dans les Indes Occidentales & dans le midi de l'Amérique, sans quoi il seroit à craindre que les nouveaux États de l'Amérique ne fussent dans peu à même, en dépit des oppositions de notre Europe, de subjuguer les autres parties de l'hémisphère Américain. L'Amérique réunie alors sous un seul gouvernement, & trouvant dans fon fein, non feulement toutes les néceffités, mais encore toutes les fuperfluités de la vie, feroit en état, en peu de tems, de rompre toute communication avec l'Europe ; pour lors fes habitans, privés des fources de leurs richeffes, de leur induftrie, & de la plus grande partie des objets de leurs jouiffances, ne tarderoient pas à devenir les êtres les plus miférables du genre humain.

Le plan, donc, que vous propofez eft le feul en ce moment qui mérite la fanction générale des différens États de l'Europe. Les Indes Occidentales & le midi de l'Amérique une fois émancipés, nous n'aurons plus à redouter d'un côté le joug de la maison de Bourbon, & de l'autre, la féparation ou l'indépendance des Américains de l'Europe, parce qu'ils fe trouveront divifés en différens gouvernemens. Alors la liberté du commerce que vous préfentez, offrira aux Puiffances du Nord, une compenfation des pertes auxquelles pourroit les expofer l'établiffement définitif de l'indépendance du nord de l'Amérique.

Oui, le libre commerce du Chili & du Pérou peut feul dédommager les Puiffances de la Baltique

des pertes qu'elles auront inconteftablement à fupporter de cette
indépendance. Elles n'ont en effet
aucune branche de commerce, dans
laquelle elles n'aient à craindre
d'être fupplantées par ces nouveaux
États du nord de l'Amérique ; leurs
bois, leurs fers, leurs poix, leur
goudron & leurs autres productions cefferont d'être de requête,
& au lieu de 4000 voiffeaux char-
gés maintenant des productions de
la Baltique, on en verra à peine
400 payer leur tribut annuel au
Roi de Dannemarc.

La grande difficulté qui fe pré-
fente dans l'expofition de votre pro-

jet, eſt de déterminer ce qu'il y auroit à faire relativement aux isles conſidérables de l'Amérique appartenant à l'Europe. Si elles ſe trouvent dans une poſition qui comporte leur indépendance , on ne ſauroit ſans injuſtice la leur refuſer, non plus qu'à telle autre partie du continent. Si, au contraire, elles ſe trouvoient être dans un état de foibleſſe, tel qu'elles ne puſſent ſe ſoutenir par elles-mêmes, ce ſeroit alors le cas d'adopter le partage dont vous faites mention dans votre traité.

J'eſpère que vous voudrez excuſer la liberté que j'ai priſe de vous diftraire par ces courtes réflexions; recevez-les comme un foible témoignage de la confidération avec laquelle j'ai l'honneur d'être, &c.

FIN.